AF243562

PETIT

CATÉCHISME

ÉLECTORAL

—

PRIX : **5** CENTIMES

—

PARIS

LIBRAIRIE DES PLACARDS POPULAIRES

3, RUE DE LA VIEILLE-ESTRAPADE, 3

—

1877

PETIT

CATÉCHISME ÉLECTORAL

I

LA RÉPUBLIQUE

Êtes-vous républicain?

Oui, je suis républicain.

**Pourquoi êtes - vous républi-
cain?**

Je suis républicain, parce que mon
intérêt, la raison, le patriotisme me le
commandent

Pourquoi votre *intérêt* vous commande-t-il d'être républicain ?

Parce que la République est le gouvernement le plus juste, le plus économique et le plus honnête.

Pourquoi la *raison* vous commande-t-elle d'être républicain ?

Parce que la République est seule possible de nos jours en France ; parce qu'elle existe, et qu'en la renversant on amènerait une lutte désastreuse.

Pourquoi le *patriotisme* vous commande-t-il d'être républicain ?

Parce que la République seule peut garantir la paix, et qu'une guerre nouvelle aujourd'hui serait certainement la ruine de tous et peut-être la fin de la France.

Quels sont donc les événements qui pourraient amener la guerre ?

1° Le retour de l'Empire ; 2° le rétablissement de la royauté.

Pourquoi dites-vous que le retour de l'Empire amènerait la guerre?

Parce que, si l'Empire revenait, le successeur de Napoléon III serait forcé, pour se maintenir sur le trône, de chercher, dans une nouvelle aventure, la revanche de Sedan.

Pourquoi dites-vous que le rétablissement de la royauté amènerait la guerre?

Parce que, si les royalistes, tous rangés aujourd'hui, légitimistes et orléanistes, sous le drapeau d'Henri V, venaient à triompher, le gouvernement des curés, pour plaire au pape, nous brouillerait avec l'Italie, et que l'Italie se liguerait avec la Prusse contre nous.

Que concluez-vous de tout cela?

J'en conclus que tout homme qui aime sa patrie et sa famille, qui veut travailler en paix, qui ne veut pas voir sa maison et son champ dévastés par l'invasion et ses enfants dévorés par la guerre, doit défendre la République par son vote.

Un bon berger ne laisse pas tuer son chien de garde.

II

LES ÉLECTIONS

Pourquoi des élections? Nos députés n'avaient-ils pas reçu mandat de gérer nos affaires jusqu'en 1880?

Oui, mais leur mandat a été brisé et la Chambre dissoute.

Par qui la Chambre a-t-elle été dissoute?

En droit, par le maréchal de Mac-Mahon, président de la République; mais, en fait, par les impérialistes et les royalistes du Sénat.

Et les constitutionnels?

Les uns se sont abstenus, les autres ont voté la dissolution, mais « *en trem- blant et la mort dans l'âme,* » comme nous l'a appris la lettre d'un sénateur constitutionnel, le colonel d'Andlau.

Quels étaient les adversaires de la dissolution?

Tous les républicains sans exception.

Contre qui est faite la dissolution en ce cas?

Contre les 363 députés républicains que vous aviez, vous électeurs, envoyés à la Chambre.

Pourquoi la Chambre a-t-elle été dissoute?

C'est un *mystère* de la politique... Cependant quelques-uns prétendent que la Chambre a été dissoute pour avoir voté, le 5 mai, un ordre du jour par lequel elle invitait le gouvernement à réprimer les manifestations cléricales qui « *menaçaient la tranquillité inté- rieure et extérieure du pays.* »

Aux nouvelles élections, quels vont être alors les candidats en présence ?

D'un côté, *tous les républicains* ; de l'autre tous les dynastiques.

En ce cas pourquoi les ministres protestent-ils de leur dévoue- ment à la République ?

Parce que, sans cela, ils ne pourraient pas décemment se couvrir du nom du Maréchal ; parce qu'ils s'avoueraient coupables du crime de haute trahison, s'ils avouaient le projet de renverser la République.

Quelqu'un néanmoins peut-il se tromper à leurs déclarations ?

Non, nul ne peut s'y tromper. Tout le monde les connaît, et ne les connût- on pas, qu'il serait facile de les juger à leurs actes. N'a-t-on pas, au mépris de la loi, interdit la vente des journaux républicains ? N'a-t-on pas chassé déjà tous les préfets, tous les sous-préfets, tous les maires républicains ? etc., etc.

S'attaquer à la République, n'est-ce donc pas s'attaquer au pays ?

Sans doute, puisque le pays, aux élections de février, a donné :
Aux impérialistes.... 1.396.888 voix.
Aux royalistes......... 1.811.949 —
Aux républicains..... 4.001.520 —
d'après les chiffres fournis par un journal monarchiste, la *Gazette de France*.

Qu'espère donc le ministère de Broglie-Fourtou-Brunet ?

Le ministère espère que les électeurs se laisseront intimider par les maires, les sous-préfets et les préfets, qu'on leur a imposés ; que le nom du Maréchal suffira à faire prendre le change aux paysans.

En réalité, la France va donc

être appelée à opter de nouveau entre la République, l'Empire et la Royauté?

C'est incontestable. — Voter pour les républicains, voter pour les 363, c'est voter pour la conservation de la République.

Voter pour un royaliste ou un impérialiste, qu'il inscrive ou qu'il n'inscrive pas sur son drapeau le nom du Maréchal, c'est voter pour le renversement de la République.

Les royalistes et les impérialistes ne déclarent-ils pas tous les jours qu'ils n'ont qu'un but: détruire la République?

Oui, leurs journaux s'en vantent *impunément* tous les jours. L'*Union*, le *Figaro*, le *Pays*, etc., crient bien haut qu'il faut s'entendre d'abord pour la renverser. On verra après à s'arranger — « *ou à se battre* » — pour l'héritage, après que la succession aura été ouverte.

La question posée aux électeurs est donc au fond celle-ci :

Voulez-vous conserver la République? Ou bien préférez-vous que les impérialistes et les royalistes se battent sur votre dos pour savoir qui la remplacera?

Évidemment; il ne faut pas être bien malin pour le comprendre.

III

APRÈS LES ÉLECTIONS

Quel sera le résultat d'élections républicaines?

Le résultat sera immense : la France sûre du lendemain, partout le travail, la confiance, la prospérité; au dedans, la tranquillité assurée ; au dehors, la paix garantie.

Quelles seraient les conséquences d'élections antirépublicaines?

Les conséquences seraient désastreuses : l'incertitude du lendemain arrêtant tout commerce, la ruine publique, le trouble partout ; au dedans la guerre civile imminente ; au dehors, d'un côté, les Italiens follement provoqués ; de l'autre, les Prussiens, toujours prêts : partout la guerre presque inévitable.

Ne sont-ils pas bien coupables ceux qui exposent la France à ces périls?

Certes, s'ils ont eu conscience de ce qu'ils faisaient ; s'ils n'ont pas été frappés d'un aveuglement fatal ; s'ils ont vu les abîmes ouverts sur la route où ils poussent la patrie, ces hommes-là sont bien coupables. Aux électeurs, du reste, il appartient de les juger.

S'ils sont condamnés, que fera le maréchal de Mac-Mahon?

Le Maréchal ne pourra choisir qu'entre ces deux partis : Faire exécuter le jugement du pays ou donner sa démission.

Qu'arriverait-il si le Maréchal donnait sa démission ?

M. Thiers serait nommé président de la République ; le libérateur du territoire français reprendrait le pouvoir du consentement de tous ; car il ne l'avait quitté que pour obéir à sa conviction profonde qu'il n'y avait plus d'autre gouvernement possible en France que la République, conviction à laquelle ont donné pleinement raison les tentatives royalistes d'octobre 1873 et le vote de la Constitution le 25 février 1875.

Que signifient donc les menaces des uns, les prédictions sinistres des autres ?

Tout cela signifie, électeurs, que les uns et les autres cherchent à vous effrayer, pour arracher à la peur un vote que votre raison, votre patriotisme, votre bon sens leur refusera.

Ainsi les coups d'Etat, le radi-

calisme, la **République** **rouge**, la
Commune ?…

Autant de menaces mensongères.
Vous faire reculer devant ces fantômes:
voilà ce qu'ils veulent !

Y réussiront-ils ?

Non. La situation est trop claire.
D'un côté, la République qui existe et
qui depuis sept ans nous a laissés travailler en repos ;
De l'autre côté, les impérialistes, les
royalistes, les cléricaux, les constitu-
tionnels, les mac-mahonistes, que sais-
je encore? une demi-douzaine de partis
aujourd'hui coalisés contre la République, qui, le lendemain du succès de
l'un d'eux, si le succès était possible,
se déchireraient entre eux et nous mè-
neraient je ne sais où.
Donc, je vote pour la République.
Je crois que les 363 ont bien fait de
ne pas permettre aux cléricaux de
nous brouiller avec l'Italie, parce que je
n'ai pas envie qu'on nous mette cette

nation sur les bras. C'est bien assez de l'autre qui nous guette.

Il y aurait donc à la fois sottise, ingratitude et lâcheté à ne pas renommer nos députés.

Quiconque veut la tranquillité et la paix fera comme moi.

Je vote pour les 363.

UN ÉLECTEUR

RÉPUBLICAIN PAR PATRIOTISME

(Extrait du journal *la France* du 16 août 1877.)

PRIX DE PROPAGANDE :

100 exemplaires.		4 francs	rendus franco dans toute la France.
500	—	18	—
1.000	—	32	—
5.000	—	150	—
10.000	—	275	—

Paris. — Imp. F. Debons et Cie, 16, rue du Croissant.